La declaration des droits des mamans,
written by Elisabeth BRAMI, illustrated by Estelle BILLON-SPAGNOL
ⓒTalents Hauts (FRANCE), 2016.
All Rights Reserved
Korean translation ⓒ2018 by YellowPig
Korean translation rights arranged with Talents Hauts through Orange Agency

이 책의 한국어판 저작권은 오렌지에이전시를 통해 저작권사와 독점 계약한
도서출판 노란돼지에 있습니다. 저작권법에 의하여 한국 내에서 보호를 받는
저작물이므로 무단전재와 무단복제를 금합니다.

도서출판 노란돼지는
어린이와 함께 기쁨과 슬픔, 고민을 나누며 꿈꾸고 성장하는 좋은 친구가 되고 싶습니다.

(우리 가족 인권 선언·3)

엘리자베스 브라미 글·에스텔 비용-스파뇰 그림·박정연 옮김

엄마
인권 선언

노란돼지

엄마에게는 이런 권리가 있어요 :

∞ 1조 ∞

완벽하지 않을 수 있고, 모든 것에 대해
전부 알지 못해도 되며, 틀리거나 깜빡할 수 있는 권리.
바보 같은 짓을 하거나 가끔 나쁜 말을 툭 내뱉거나,
초능력을 갖지 않아도 될 권리.

2조

아빠처럼 할 수 있는 권리
(물론 굵은 목소리나 수염이 있는 것은 아니지만).
이를테면 자전거 탈 권리, 고장 난 자전거를 고칠 권리,
아이를 등에 업고 놀아 줄 권리.

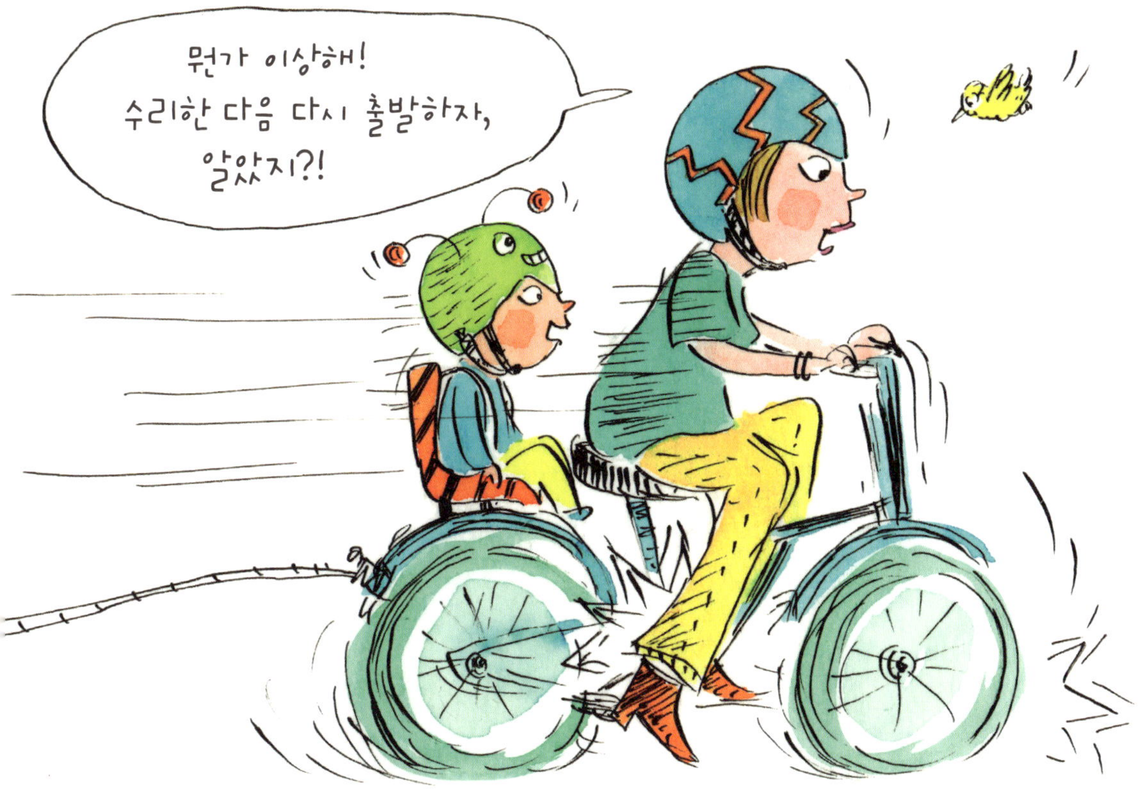

3조

어쩔 줄 몰라 하거나, 불안하고 불만족스럽거나, 신경이 날카롭고 화가 날 때, 날카로움이 하늘 끝까지 닿았을 때 아무 말이나 내뱉을 수 있는 권리. 그리고 그렇게 말하고 난 뒤 후회할 수 있는 권리.

∾ 4조 ∾

울 수 있는 권리. 슬프거나 아플 수 있는 권리.
그리고 아기는 아니어도, 사랑받고 보호받고,
위안받을 수 있는 권리.

∞ 5조 ∞

화장실에서 책을 읽을 때(때론 다른 곳이어도)
조용히 혼자 있을 권리.
통화 중에는 방해받지 않을 권리.
혼자 산책을 나갈 수 있는 권리.

모두에게 알림!

모두 다 내일 보자!!!

하지만 엄마, 난 오늘 저녁 엄마가 필요해요!

째깍 째깍

엄마, 깜빡했는데, 나 내일이 시험이야!

6조

엄마의 손은 두 개일 뿐이고,
엄마의 하루도 24시간뿐임.
그러니 숙제 포함, 모든 힘든 일을
버텨 내지 않아도 될 권리!

9조

세탁기와 냉장고 사이에서 시들시들 나이 먹기보다,
직장에서 실컷 일하는 기쁨을 누릴 수 있는 권리.
밥 차리고 애들 보고 잠드는 일상을
우습게 취급 당하지 않을 권리.

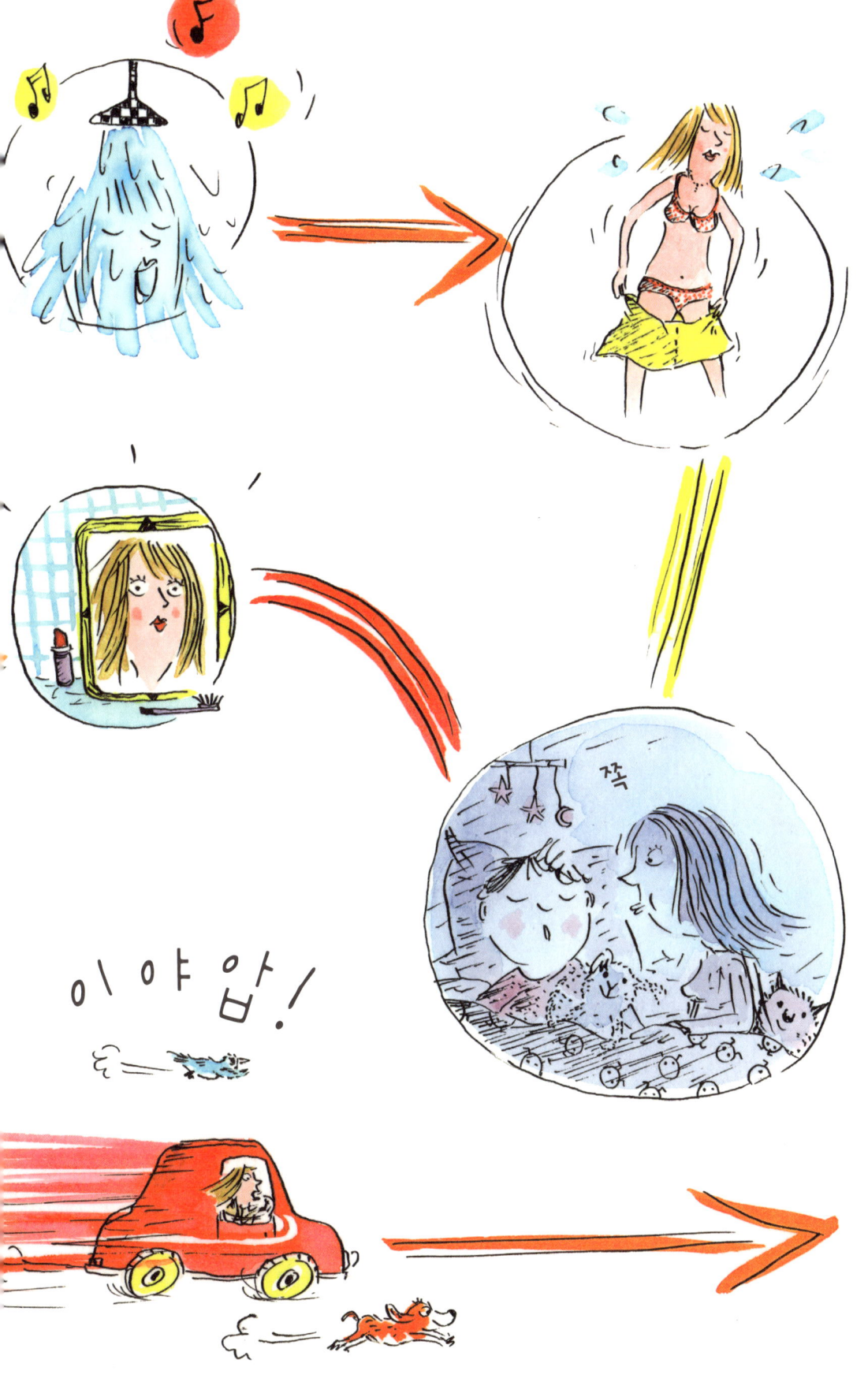

〜 10조 〜

나이 들어 보여도 괜찮을 권리.

세상에서 최고로 예쁘지 않아도 될 권리.

최신 유행하는 옷을 입지 않아도 될 권리.

할머니 취급 당하지 않을 권리.

짙은 화장을 해도 눈총받지 않을 권리.

∽ 12조 ∽

견디기 힘들 정도로 불행하다고
느낄 때 자신의 인생을 바꿀 수 있는 권리.
이혼한 뒤에 하루 종일 아이를 보지 않아도 될 권리.
하루의 반은 자신의 시간을 누릴 권리.

13조

아이들과 인형 놀이를 하기보다,
친구들과의 외출을 더 좋아할 권리.
학교의 자선 바자회 가판대를 지키고 있기보다
나이트클럽 가는 것을 더 재미있어 할 권리.

엄마
기다리지 마!
일 마치고
산책 좀
하다
올 거야!

엄마,
인형이 엄마 몇 시에
오냐고 물어요!

응, 인형한테
엄마가
들어가면
뽀뽀해
준다고 해!

～ 14조 ～

모든 인간처럼 자유롭게 자기 삶을
살 수 있는 권리. 소녀, 자매, 여자, 부인, 이모,
고모, 할머니, 누구이든 간에.

∽ 15조 ∽

원하는 대로 사랑할 수 있는 권리.
원할 때 아이를 가질 수 있는 권리.

글 엘리자베스 브라미

폴란드에서 태어나 생후 18개월에 홀로코스트의 생존자로 프랑스에 건너왔습니다.
대학에서 현대문학과 사회학을 공부했고, 임상심리학자로 일했습니다.
주로 영·유아와 어린이, 청소년, 그리고 어린 시절을 잊지 않는 성인 독자를 대상으로
책을 써 왔는데 이중 많은 책이 미국, 독일, 스페인, 일본 등에서 다양한 언어로 소개되었습니다.
국내에 소개된 책으로는 《엄마는 좋아하고 나는 싫어하는 것》,
《선생님은 싫어하고 나는 좋아하는 것》 등이 있습니다.

그림 에스텔 비용-스파뇰

프랑스에서 태어나 대학에서 법을 공부했습니다.
이후 작가의 길을 택했고, 지금은 파리에 살며 글을 쓰고 그림을 그립니다.
국내에 소개된 책으로는 《엄마는 토끼 아빠는 펭귄 나는 토펭이!》,
《한 방을 날려라》 등이 있습니다.

옮김 박정연

연세대학교 불어불문학과를 졸업하고,
이화여자대학교 통번역대학원 한불번역학과에서 석사 학위를 받았습니다.
한국 만화와 아동 도서를 해외로, 해외 도서를 국내에 소개하는 일을 하고 있습니다.
옮긴 책으로 《초코곰과 젤리곰》, 《근사한 우리가족》,
《내가 앞에 설래!》 등이 있습니다.

|노란돼지 교양학교 그림책|
우리 가족 인권 선언·3

초판 1쇄 2018년 2월 28일 | 초판 4쇄 2022년 6월 17일
글 엘리자베스 브라미 · 그림 에스텔 비용-스파뇰 · 옮김 박정연
펴낸이 황정임 | 펴낸곳 도서출판 노란돼지
경기도 파주시 (파주출판문화정보산업단지) 문발로 115, 307 (우)10881
전화 (031)942-5379 | 팩스 (031)942-5378
등록번호 제406-2009-000091호 | 등록일자 2009년 11월 30일
편집장 김성은 | 마케팅 이주은, 이수빈, 고예찬 | 경영지원 손향숙 | 디자인 이재민

도서출판 노란돼지는 독자 여러분의 의견을 기다립니다.
yellowpig.co.kr | 인스타그램 @yellowpig_pub
ISBN 979-11-5995-032-2 74300, ISBN 979-11-5995-034-6(세트)
ⓒ 노란돼지, 2018

값은 표지 뒷면에 있습니다.

제조국 대한민국 | **사용연령** 6세 이상
주의사항 종이에 베이거나 굵히지 않도록 조심하세요. 책 모서리가 날카로우니 던지거나 떨어뜨리지 마세요.